CONFÉRENCE

DU

REZ-DE-CHAUSSÉE

ÉTUDE

SUR

LA PHILOSOPHIE

DES FABLES DE LA FONTAINE

Lue à la séance du 12 Février 1863

Par M. DELAUNAY

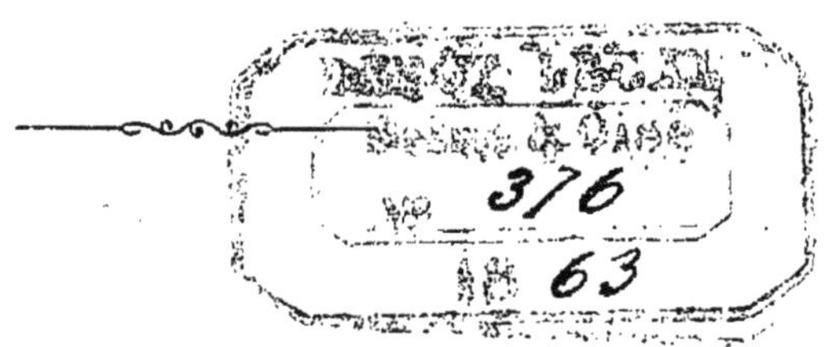

PARIS

AU SIÉGE DE LA CONFÉRENCE

QUAI MALAQUAIS, 3

—

1863

EXTRAIT DU RÉGLEMENT

La Conférence, en ordonnant l'impression immédiate de certains travaux, ne se rend pas solidaire des opinions des auteurs. Elle ne veut qu'aider à la discussion, et perpétuer, dans son sein, le souvenir de ses études. Mention de cette réserve sera faite au VERSO du titre, ou à la première page des travaux imprimés,

VERSAILLES. — IMPRIMERIE CERF, RUE DU PLESSIS, 59.

ÉTUDE

SUR

LA PHILOSOPHIE

DES FABLES DE LA FONTAINE

Lue à la séance du 12 Février 1863

PAR M. DELAUNAY

Pour qui connaît La Fontaine, pour qui est habitué à trouver dans la lecture de ce poète si sympathique la récréation la plus délicate que puisse souhaiter un homme d'esprit, ce serait presque une profanation que d'appliquer à ses fables les procédés de l'analyse philosophique : pour juger cette suite de tableaux pleins d'une verve toute gauloise, le savant et le raisonneur semblent moins compétents que l'artiste qui s'abandonne aux émotions de son âme. Il ne faut pas croire cependant que les impressions produites sur nous par une œuvre d'art perdent de leur vivacité à être analysées et approfondies par la réflexion. Si nous parvenons à mettre en lumière l'idée générale qui forme comme l'unité de tous ces petits drames, si variés qu'ils paraissent n'avoir rien de commun qu'une grâce toujours égale; si nous dégageons de cette œuvre complexe les principes de philosophie naturelle et de morale pratique qui ont dirigé l'esprit du poète dans la composition de ses apologues encore plus que dans sa vie, nous connaîtrons mieux La Fontaine, et certes nous ne le goûterons pas moins. Tout homme obéit à certaines lois gravées au fond de son cœur : qu'il écrive ou qu'il agisse, il ne fait qu'appliquer ces principes raisonnés ou non qu'il suit trop souvent sans les connaître lui-même. En tâchant de reconstruire par l'étude de ses fables ce que nous pourrions appeler le système philosophique de La Fontaine, si La Fontaine n'était pas l'homme le moins systématique du monde, nous pénétrerons dans sa pensée la plus intime. Le biographe a beau nous initier aux détails les plus secrets, souvent même les plus insignifiants de la vie matérielle des grands hommes, il ne nous apprend jamais que ce qu'ils ont été ; en négligeant au contraire la vie de La Fontaine pour nous attacher seulement à ses ouvrages, nous le connaîtrons tel qu'il aurait voulu être, tel qu'il aurait été si l'inconséquence n'était pas une des infirmités de la nature humaine. Au lieu de ce vieillard-libertin, mauvais père et mauvais mari, dont l'idée nous poursuivra toujours si nous étudions sa vie plutôt que ses œuvres, nous trouverons un philosophe indulgent et sympathique, épicurien, sans doute, mais sachant allier à la facilité d'Horace l'élévation de Lucrèce ; un causeur dont la bonhomie insinuante semble faite pour gagner les cœurs, enfin un conseiller plein de sens et d'aménité, qui traite les hommes sans colère ni dédain, et donne pour but à nos efforts une vertu que le janséniste et le stoïcien ne trouveraient pas assez pure, mais que nous nous aimerions à rencontrer plutôt que toute autre chez ceux avec qui nous vivons. Nous allons chercher à confirmer par l'étude des fables ce jugement sur la philosophie de La Fontaine. Nous verrons comment il a su conserver l'originalité de sa nature gauloise, dans un temps où la révolution philosophique, accomplie par Descartes au commencement du siècle, s'imposait à tous les esprits, et nous nous efforcerons de le défendre contre ceux qui l'accusent d'enseigner une morale dépravée.

Lié avec les hommes les plus illustres de son temps, particulièrement avec Molière, avec Racine, avec Maucroix, avec Boileau, dont il fut le concurrent à l'Académie, commensal pendant vingt ans de Mme de la Sablière, qui savait rester spirituelle et charmante tout en s'occupant des graves questions qui, depuis Descartes, agitaient les esprits, La Fontaine ne demeura pas étranger aux idées nouvelles. Il devait nécessairement prendre parti pour Descartes : les allures indépendantes de son humeur ne pouvaient guère s'accommoder du joug pesant de la scolastique. Il avait trop le sens du vrai pour ne pas comprendre le ridicule et la futilité de ces explications qui n'expliquent rien, de ces définitions pédantes dont on se croyait forcé de charger sa mémoire, de tout ce fatras enfin auquel Descartes fit succéder une science claire, précise, ingénieuse et rationnelle jusque dans ses erreurs. Aussi est-ce avec un véritable enthousiasme et presque sur un ton lyrique qu'il exprime son admiration pour le réformateur de la philosophie :

> Descartes, ce mortel dont on eût fait un dieu
> Chez les païens, et qui tient le milieu
> Entre l'homme et l'esprit, comme entre l'huître et l'homme,
> Je tiens tel de mes gens, franche bête de somme.

Ce serait du Pindare, sans la dissonance des deux derniers vers. Nous n'avons pas de peine à trouver dans les fables de La Fontaine de nombreuses traces de l'esprit qui animait Molière et Boileau. Les médecins et leurs remèdes ne sont guère plus épargnés chez lui que chez Molière ; les *Diafoirus*, les *Pancrasse*, l'engeance « des babillards, des censeurs, des pédants, » de ces gens qui, « en toute affaire, ne font que songer au moyen d'exercer leur langue, » n'a pas à se louer du fabuliste plus que du poète comique. En un mot, comme Molière, et au même degré, La Fontaine est cartésien à titre de libre penseur : il combat dans les rangs du cartésianisme contre le despotisme de l'ignorance scolastique. Mais ce qui est en cause pour lui, c'est moins la doctrine même de Descartes que l'indépendance des esprits. S'il parle souvent de Descartes dans ses fables, c'est que, comme il le dit lui-même, « il faut de tout aux entretiens » ; et il fallait surtout du cartésianisme pour ceux avec qui il vivait.

Mais si nous pénétrons plus avant dans la pensée de La Fontaine, nous verrons qu'il y avait entre lui et le spiritualisme cartésien la dissidence la plus profonde. Il n'était pas, comme Molière, l'élève et le disciple de Gassendi ; il ne connaissait probablement ni le beau travail de Gassendi sur Épicure, ni ses discussions si vives, si amères même contre Descartes : s'il les avait connues, si la philosophie avait jamais été chez lui autre chose que l'instinct et le bons sens, il aurait certainement embrassé la cause de Gassendi. Par tempérament, en effet, La Fontaine est épicurien ; il l'est avec toute son âme. Son inspiration vient d'Horace ou de Lucrèce. Toutes les fois que sa pensée s'élève, toutes les fois qu'il dépose pour un instant sa lyre familière comme celle d'Horace, c'est pour célébrer, à la suite de Lucrèce, les forces de la nature, le réveil de la vie au printemps, et cet aspect merveilleux de la campagne dans le temps

> Que tout aime et que tout pullule dans le monde,
> Monstres marins au fond de l'onde,
> Tigres dans les forêts, alouettes aux champs,

Jamais poète n'a été plus vivement frappé que lui par l'aspect de ce monde extérieur, où le XVIIe siècle tout entier ne voyait, avec Descartes, qu'une machine ; machine admirable, sans doute, mais sans vie, partant, sans poésie. Jamais bourgeois n'a été moins sensible aux beautés de la nature que Boileau : il n'y a pas pour lui d'autre campagne que sa maison d'Auteuil et son jardinet, soigneusement cultivé par cet Antoine, auquel il adresse une épître qui, malheureusement, n'a rien de commun avec celle d'Horace à son fermier. Racine lui-même ne voit au monde qu'une seule chose : l'homme. Tous ses regards sont absorbés par l'étude des passions humaines, qu'il observe et qu'il peint en maître. En écoutant ou en lisant ses admirables études psychologiques, nous ne songeons guère au costume des personnages, ni au lieu dans lequel ils se meuvent, sorte d'antichambre mal déterminée, dont le décorateur le plus habile aurait peine à tirer parti. Le temps et l'espace sont pour ainsi dire supprimés, et la scène se passe tout entière dans le cœur de l'homme. C'est à La Fontaine qu'il faut revenir si nous voulons trouver quelques-unes de ces peintures qui nous émeuvent si profondément dans Lucrèce ; seul, parmi les poètes du XVIIe siècle, il aime la campagne, il la sent et la peint, tantôt avec l'enthousiasme d'un panthéiste, tantôt avec une grâce et une simplicité exquise, à laquelle nous ne saurions comparer que quelques idylles contemporaines, *François le Champi*, la *Petite Fadette* ou *la Mare au Diable*. Mais il ne faut pas lui demander de chercher quelque enseignement dans ce grand spectacle dont son imagination est frappée. La nuit, il a admiré les étoiles qui brillaient au-dessus de sa tête ; l'immensité des cieux, le scintellement des astres dans ces espaces dont l'œil devine la profondeur, ont remué son âme portée à la rêverie ; mais il n'y a pas vu ce qu'y voit le Psalmiste :

> Les cieux instruisent la terre
> A révérer leur auteur.

Bien plus, il ne veut pas que nous cherchions à expliquer les sentiments que tout homme éprouve en présence de ces grandes choses, et à lire les lois éternelles de l'ordre écrites peut-être au-dessus de nous. Il est ému, comme un poète doit l'être ; mais son émotion n'a rien de religieux ; il n'est pas entraîné sur cette pente où la rêverie devient mystique, presque superstitieuse, et ce n'est pas lui qui sera jamais tenté de croire à son étoile.

> Quant aux volontés souveraines
> De celui qui fait tout et rien qu'avec dessein,
> Qui les sait que lui seul ? Comment lire en son sein ?
> Aurait-il imprimé sur le front des étoiles
> Ce que la nuit des temps enferme dans ses voiles ?

On sent ici l'inspiration, le ton même de Lucrèce ; j'oserai même dire que La Fontaine est plus élevé encore. Sa doctrine ne touche pas à l'athéisme comme celle de son maître ; pour lui, comme pour Lucrèce, la Providence est impénétrable : mais s'il ne peut pas la comprendre, il la devine, il la sent et proclame dans ses vers un Dieu « qui fait tout et rien qu'avec dessein. » Il y a loin de là aux combinaisons mécaniques des atomes dans le temps et dans l'espace. Cependant, malgré cette supériorité de vues, il est évidemment épicurien, et ces grands spectacles qu'il admire ne lui inspirent rien de plus qu'une admiration avide, volontairement impuissante :

> Le firmament se meut, les astres ont leurs cours,
> Le soleil nous luit tous les jours,
> Tous les jours sa clarté succède à l'ombre noire,
> Sans que nous en puissions autre chose inférer
> Que la nécessité de luire et d'éclairer,
> D'amener les saisons, de mûrir les semences,
> De verser sur les corps certaines influences.

Son âme était plutôt faite pour la contemplation et la rêverie que pour la science. Jamais il n'a été tourmenté par cet âpre besoin de savoir qui poussait Descartes, plein de force et de jeunesse, à s'enfermer au milieu des camps, dans un poêle étroit pour s'y livrer à ces méditations d'où est sorti le Discours sur la Méthode. Y a-t-il quelque chose de plus solide que cette vie qui vous échappe tous les jours ?

Qu'avons-nous à craindre ou à espérer hors de ce monde dont nous ne sommes, comme il le dit lui même, que les hôtes :

Hôtes de l'univers avec les animaux ?

Toutes ces questions redoutables, qui plongent les esprits dans des perplexités si diverses, ne préoccupaient guère La Fontaine. D'une autre vie, de la religion même, il ne dit pas un mot. Il se laisse aller doucement au courant des choses, s'arrêtant pour cueillir et pour admirer en poète les fleurs qu'il trouve sur ses pas. Il n'est point, comme ce malheureux dont parle Bossuet, entraîné sans relâche par un maître impitoyable ; il n'entend pas résonner à ses oreilles l'ordre terrible : Marche ! marche ! Ce n'est pas que l'idée de la mort ne se présente quelquefois à son esprit ; mais pour lui, c'est une nécessité, une loi de la nature, et non ce spectre hideux dont le vulgaire veut à tout prix détourner sa vue :

> . . . . . Otez-moi cet objet !
> Qu'il est hideux ! Que sa rencontre
> Me cause d'horreur et d'effroi !
> N'approche pas, ô mort ! O mort, retire-toi !

Ainsi, la mort n'est pas pour La Fontaine le fantôme sinistre, avec ses yeux sans regard et son ricanement satanique ; la vie pourtant lui est précieuse ; il s'y attache de toutes ses forces, et nous exprime à sa façon la pensée mélancolique d'Achille aux enfers :

> Mieux vaut goujat debout qu'empereur enterré.
> . . . .
> Mécénas fut un galant homme ;
> Il a dit quelque part : Qu'on me rende impotent,
> Cul-de-jatte, goutteux, manchot, pourvu qu'en somme
> Je vive ; c'est assez, je suis plus que content.
> Ne viens jamais, ô mort ! On t'en dit tout autant.

4.

En vrai Gaulois qu'il est, il prend bravement son parti d'un mal qu'il ne peut empêcher. Son dernier mot sur la mort est celui d'un épicurien de cette école qui comptait hier encore, parmi nous, un de ses représentants les plus il-lustres, l'auteur du *Dieu des bonnes gens*, véritable héritier de l'esprit de Marot et de La Fontaine, attardé au milieu du XIXe siècle. Quand la vieillesse arrive, quand nous voyons autour de nous tous nos anciens compagnons

> Ou morts, ou mourants, ou malades,

nous devons nous résigner : il y a là un avertissement que le sage comprend. La philosophie d'Épicure s'accorde avec les doctrines les plus élevées pour enseigner à ses disciples la résignation à cette nécessité impérieuse, loi fatale de la nature pour les uns, pour les autres ordre de la Providence. Écoutez La Fontaine : il ne nous demande pas de mépriser la douleur ou la mort, et de regarder la vie que nous allons quitter comme une épreuve qui touche à sa fin ; il n'y a que le chrétien, et le chrétien fervent, qui puisse ainsi étouffer dans son cœur tous les instincts de la nature et appeler la mort comme une délivrance. Un pareil sentiment ne peut entrer que dans une âme qui a la foi, et La Fontaine ne l'avait pas. Ce n'est pas non plus la fierté farouche du stoïcien qui, maître de lui-même, regarde la mort en face et l'attend de pied ferme avec un courage qui n'est pas tou-jours sans ostentation ; La Fontaine est plus simple, plus vrai, je dirai presque plus humain. Il n'appelle pas la mort ; loin de là. Il ne la brave pas non plus ! Mais, quand elle vient, surtout quand elle vient tard, et, pour ainsi dire, en son temps, il veut que nous fassions bonne contenance :

> . . . . Je voudrais qu'à cet âge
> On sortît de la vie ainsi que d'un banquet,
> Remerciant son hôte, et qu'on fît son paquet.

C'est la belle image de Lucrèce, l'homme quittant la vie comme un banquet après s'être rassasié : « *Ut vitæ conviva satur plenusque recedit.* » En passant par le génie de La Fontaine, elle s'est encore embellie d'une grâce familière et charmante, d'un je ne sais quoi qui fait sourire et attendrit. Aussi bien que Molière, il a étudié le cœur de l'homme, il le connaît profondément : c'est là ce qu'il y a de meilleur et de plus vrai dans sa philosophie. Le spiritualisme méconnait la nature : il n'a pour la matière que du mépris et s'efforce doucement de faire oublier à l'homme qu'il a un corps. Les stoïciens et les jansénistes nous découragent et nous repoussent en proposant pour but à nos efforts un idéal élevé, sublime même, mais qui n'est pas fait pour des hommes, parce qu'il ne tient aucun compte de nos instincts et de nos sentiments, qui ne sauraient se plier à un joug contre nature. La Fontaine, au contraire, ne se fait de l'homme une idée ni trop grande, ni trop petite. Il se garderait bien de nous engager à mépriser la mort. Il sait trop que les plus braves ne peuvent la voir approcher sans inquiétude, que tout ce qu'il y a d'humain en nous se révolte contre elle. Tout ce qu'il nous demande, c'est d'attendre avec calme un mal inévitable, auquel le sage peut seul se résigner. Il y a pourtant un âge où l'homme devrait sentir qu'il est temps d'en finir ; la Mort le dit au centenaire qui se plaint d'être surpris :

> Ne te donna-t-on pas des avis quand la cause
>   Du marcher et du mouvement,
>   Quand les esprits, le sentiment,
> Quand tout faiblit en toi ? Plus de goût, plus d'ouïe,
> Toute chose pour toi semble être évanouie ;
> Pour toi l'astre des jours prend des soins superflus,
> Tu regrettes des biens qui ne te touchent plus !

Et pourtant ce vieillard sourd, aveugle, incapable de marcher, privé de tous les biens qui font aimer la vie, ne peut se décider à la quitter.

Le plus semblable aux morts meurt le plus à regret.

La Fontaine savait combien il y en a peu, si tard que ce soit, qui aient fait leur testament et attendent la mort, le paquet sous le bras, tout prêts à partir.

La Fontaine n'est donc pas cartésien, ou du moins il ne prend du cartésianisme que l'indépendance du jugement, la liberté de discuter toute chose avec le bon sens et la raison. Par tempérament, il est épicurien, il l'est avec toute son âme. Ses idées, comme celles de Lucrèce, sont élevées, poétiques, souvent même vraies et profondes, parce qu'il connaît les hommes; mais sa philosophie s'arrête presque toujours où finit la vie humaine, c'est-à-dire au seuil même des questions vraiment philosophiques. Il reconnaît une Providence, « un Dieu qui fait tout et rien qu'avec dessein », mais c'est un Dieu impénétrable : sa nature, ses attributs, les destinées de l'homme, autant de questions sur lesquelles il reste muet Il semble s'être abstenu à dessein de faire une profession de foi qui aurait blessé sans doute les convictions de Boileau, de Maucroix, de madame de la Sablière, de tous ceux enfin qui formaient sa société la plus intime. Cependant, il est un point de la doctrine de Descartes contre lequel il proteste ouvertement : je veux parler de l'automatisme. Si les animaux ne sont que de pures machines, si tous ces sentiments qu'il peint d'une manière si expressive, et, suivant nous, si vraie, ne sont que le jeu de rouages savamment combinés par la Providence, qui aurait tout refusé à la bête pour donner tout à l'homme, que devient le livre des fables ? La Fontaine, qui lui-même appelait son œuvre « une ample comédie à cent actes divers, » n'aurait donc fait qu'un théâtre de marionnettes! L'automatisme était pour lui et pour ses fables une question capitale ; aussi s'est-il attaché à répondre aux arguments de Descartes, à le suivre dans toutes ses objections contre l'instinct et la vie même des animaux. La première fable du dixième livre est une réfutation de l'automatisme, qui pour être écrite en vers, n'en est pas moins précise et scientifique et ne laisse rien à désirer.

Avec ce sens profond qu'il avait puisé dans l'observation et l'étude incessante de la nature. Aristote avait fait de l'âme humaine le dernier degré d'une série, qui, aurait la plante pour premier terme et s'arrêterait à l'homme. L'âme, imparfaite et toute passive, existe à peine dans la plante qui ne vit guère que par la respiration et la reproduction, mais qui vit cependant. Plus développée, mais encore inconsciente chez l'animal qui a la mémoire et l'instinct, elle arrive chez l'homme à son plus haut degré de perfection : l'homme seul pense et a conscience de sa pensée, l'homme seul a le privilége de la liberté ; l'homme pourtant n'est pas une exception dans la nature : il n'est que le degré le plus élevé dans l'échelle des êtres. Toute la philosophie chrétienne du moyen-âge avait accepté cette explication aussi simple que vraie, qui met chaque chose à sa place et maintient la supériorité de l'homme sans ôter à l'animal une certaine dose d'intelligence que le bon sens seul nous forcera toujours à lui reconnaître. Mais l'école empirique avait de tout temps manifesté une certaine tendance à effacer de plus en plus, au détriment de l'homme, les distances si sagement marquées par Aristote. Un certain Rorarius, au xvi⁰ siècle, avait été jusqu'à affirmer impudemment la supériorité de la bête sur l'homme dans un traité où cette thèse est logiquement soutenue et discutée. Montaigne lui-même, toujours enclin à humilier la raison humaine, voyait moins de différence entre la bête et l'homme qu'entre les hommes eux-mêmes, et après lui Charron et Gassendi tombaient encore dans le même excès. Son aversion pour cette doctrine révoltante, autant que ses propres tendances à expliquer tout par la mécanique, précipitèrent Descartes dans l'excès opposé, et produisirent l'automatisme, véritable defi jeté au sens commun. Laissons La Fontaine nous exposer cette théorie avant de la combattre :

> . . . . Ils disent donc
> Que la bête est une machine,
> Qu'en elle tout se fait sans choix et par ressorts ;
> Nul sentiment, point d'âme, en elle tout est corps.
> Telle est la montre qui chemine
> A pas toujours égaux, aveugle et sans dessein :
> Ouvrez-la, lisez dans son sein :
> Mainte roue y tient lieu de tout l'esprit du monde.
> La première y meut la seconde,
> Une troisième suit : elle sonne à la fin.
> Au dire de ces gens, la bête est toute telle.

Ces vers ne sont que l'expression poétique, mais exacte et précise de la thèse de Descartes. Une horloge plus ou moins compliquée, composée de rouages et de ressorts, ne marchant qu'après avoir été montée, ne produisant tel ou tel mouvement que si l'un de ses ressorts a reçu du dehors une impulsion quelconque, voilà à quoi se réduit l'animal pour les cartésiens. Supposez un ouvrier assez habile pour construire une pareille machine, semblable en tout point à un animal, et fonctionnant comme lui, vous vous y tromperiez nécessairemet. Descartes lui-même nous le dit : « S'il y » avait de telles machines, qui eussent les organes et la fi- » gure extérieure d'un singe ou de quelque autre animal » sans raison, nous n'aurions aucun moyen de reconnaître » qu'elle ne serait pas en tout de même nature que ces » animaux. » Entre l'automate fait de main d'homme et l'automate ouvrage de l'industrie divine, il n'y a pas d'autre différence qu'entre une machine grossière et une merveille de la mécanique : dans l'un comme dans l'autre, l'intelligence, l'instinct, la vie même n'existent pas. Nous sommes dupes d'une illusion quand, dans les actes de la bête, nous croyons saisir une manifestation de la vie :

> L'objet la frappe en un endroit.
> Ce lieu frappé s'en va tout droit,
> Selon nous, au voisin en porter la nouvelle.
> Le sens, de proche en proche, aussitôt la reçoit :
> L'impression se fait; mais comment se fait-elle ?
> Selon eux, par nécessité,
> Sans passion, sans volonté.
> L'animal se sent agité
> De mouvements que le vulgaire appelle
> Tristesse, joie, amour, plaisir, douleur cruelle,
> Ou quelqu'autre de ces états.
> Mais ce n'est point cela, ne vous y trompez pas.
> Qu'est-ce donc ? Une montre.

Sans doute, cette explication eût été commode pour répondre à certaines difficultés qui embarrassaient fort philosophes et théologiens. Car si l'on attribue une âme à l'animal, de quelle nature sera cette âme? Si on la fait spirituelle, on court risque de tomber dans les excès de l'école empirique. D'un autre côté, la raison ne se prête pas à concevoir une âme matérielle. La morale, la théologie même, semblent avoir conspiré avec Descartes contre les animaux. « Mon » opinion, disait Descartes, n'est pas si cruelle aux animaux » qu'elle est favorable aux hommes, puisqu'elle les garantit » du soupçon même de crime quand ils mangent ou tuent » les animaux. » Pour les théologiens, la grandeur même et la justice de Dieu se trouvaient intéressées dans la question ; car les animaux sont innocents, tout le monde le reconnaît, et pourtant ils souffrent, si l'on en fait des êtres vivants et capables de sentir ! Malebranche, donnant à cet argument une forme comique et plaisante, demandait aux adversaires de l'automatisme si les animaux avaient par hasard mangé du foin défendu. Certes, ce n'est pas lui qui eût crié haro sur le baudet dont parle La Fontaine :

Manger l'herbe d'autrui! Quel crime abominable !

Que l'on n'objecte pas à Descartes les travaux admirables des abeilles ou les constructions de la société des castors dans ces pays où les habitants

> Vivent ainsi qu'aux premiers temps ,
> Dans une ignorance profonde ;
> Je parle des humains; car, quant aux animaux,
> Ils y construisent des travaux
> Qui des torrents grossis arrêtent le ravage ,
> Et font communiquer l'un et l'autre rivage.

Il répondra que dans la perfection des ouvrages du castor, dans la régularité géométrique des cellules de l'abeille, ce n'est pas la sagesse des animaux qu'il faut admirer, mais la main de Dieu qui les conduit et les fait fonctionner avec toute la précision d'une machine merveilleuse. S'il en est ainsi, pourquoi ne pas expliquer de la même manière l'industrie de l'homme? Descartes ne se doutait pas qu'un jour on se servirait contre l'homme des arguments inventés par lui contre la bête. Dans son traité de l'homme-machine, Lamettrie, le plus cynique des philosophes du xviiie siècle, lui pardonne ce qu'il appelle ses erreurs, en faveur de l'automatisme pour lequel il professe une admiration qui l'aurait cruellement humilié. « Si les bêtes sont de pures machines, disait aussi Voltaire, nous ne sommes certainement auprès d'elles que ce qu'une montre à répétition est en comparaison d'un tourne-broche. »

Cependant, tant que nous resterons sur ce terrain, que nous pourrions appeler celui de la raison pure, la théorie de

Descartes pourra, sinon s'imposer à notre esprit avec la toute-puissance de la vérité, du moins se défendre comme une hypothèse ingénieuse et hardie. Quand Socrate voulait couper court aux jeux d'esprit des sophistes et confondre leurs théories, subtiles et savantes attaques contre le bon sens, il les ramenait brusquement à la réalité et les couvrait de ridicule en les mettant aux prises avec quelques conséquences pratiques, logiquement déduites de leurs systèmes. La Fontaine qui, par la bonhomie de son caractère et la simplicité élevée de son esprit, n'est pas sans quelque ressemblance avec celui qu'il appelle « le bon Socrate », emploie contre Descartes la même argumentation. Il avait observé la vie des animaux, il les aimait. Souvent il s'était attardé dans ses promenades au parc de Versailles pour suivre des yeux les oiseaux qui construisaient leurs nids entre les branches des buissons ou des arbres ; une fois même, égaré dans une des allées les plus désertes, il se laissa surprendre par la pluie : un promeneur qui l'avait aperçu fut fort étonné de le retrouver plus de deux heures après dans la même position, adossé contre un vieux chêne, les yeux fixés sur le gazon, insensible à la pluie qui l'avait pénétré. Probablement, il était resté là pour suivre jusqu'au bout quelque fourmi traînant laborieusement à travers la mousse humide, un fétu de paille plus gros qu'elle, ou le cadavre d'un insecte, bonne aubaine pour les greniers de la colonie. Et qu'on vienne lui dire, à lui qui l'a vue s'y prendre de cent façons pour alléger son fardeau, tantôt le traînant à reculons, tantôt le poussant devant elle, jusqu'à ce qu'une alliée vînt à son aide, à lui qui a assisté, près des garennes de la Brie et de l'Ile-de-France, aux ébats des lapins avant le lever du soleil, se vautrant joyeusement sur l'herbe encore humide de rosée ; à lui qui les a vus témoigner, par des bonds capricieux, le bonheur que leur cause le retour de la lumière après la nuit, pendant laquelle tous les maraudeurs des bois, le loup, le renard, le chat sauvage, viennent flairer autour du trou dans lequel ils se blottissent tout tremblants, qu'on vienne lui dire que les animaux sont de pures machines !

> Quand la perdrix
> Voit ses petits
> En danger, et n'ayant qu'une plume nouvelle
> Qui ne peut fuir encor par les airs le trépas,
> Elle fait la blessée, et va traînant de l'aile,
> Attirant le chasseur et les chiens sur ses pas,
> Détourne le danger, sauve ainsi sa famille ;
> Et puis, quand le chasseur croit que son chien la pille,
> Elle lui dit adieu, prend sa volée, et rit
> De l'homme, qui, confus, en vain des yeux la suit.

Voilà les faits devant lesquels l'explication de Descartes échoue complétement ; tant qu'il ne s'agira que du mouvement, de la vie matérielle des animaux, nous pourrons les concevoir comme des automates merveilleux, chefs-d'œuvre de l'industrie divine, mais tous les ressorts, tous les rouages possibles ne pourront rien produire qui nous donne seulement l'idée de ce que c'est qu'aimer, craindre, souffrir, autant de sentiments dont les animaux nous donnent des signes trop évidents pour qu'il nous soit permis de les leur refuser sans jurer contre le bon sens. Malgré ses sympathies pour Descartes, madame de Sévigné ne pouvait s'empêcher de partager l'opinion de La Fontaine, et de railler un peu sa fille, convertie à l'automatisme : « Des machines qui aiment, qui ont une élection pour quelqu'un ; des machines qui sont jalouses, des machines qui craignent ! Allez ! allez ! jamais Descartes n'a prétendu nous le faire croire ! » Telle était pourtant la prétention de Descartes, et si exorbitante qu'elle parût à La Fontaine et à madame de Sévigné, il s'était trouvé des gens pour penser et même pour agir en automatistes convaincus. Qu'auraient-ils dit s'ils avaient vu Malebranche, le plus doux, le plus sensible des hommes, accueillir bru-

talement à coups de pied sa chienne près de mettre bas ? Ou
bien les solitaires de Port-Royal ouvrant tranquillement des
chiens tout vivants pour voir la circulation du sang dans les
veines, sans s'inquiéter de leurs cris qui n'étaient, disaient-
ils, « que le bruit d'un petit ressort. »

Tout ce qu'il y a d'ingénieux et de subtil dans l'esprit de
Descartes ne saurait tenir devant les faits cités par La Fontaine : sa fable est un véritable plaidoyer poétique en faveur
des animaux, mais un plaidoyer où la poésie ne fait que
rendre la raison plus persuasive et plus convaincante. Séduit
par ce qu'il y avait de vrai et de grand dans la conception du
mécanisme de l'univers, Descartes s'est laissé entraîner à
soutenir une hypothèse contre laquelle la nature se révolte.
Il n'a pas échappé au travers de ceux qui prétendent avoir
le dernier mot sur toute chose. La science humaine a des
bornes, et le rationalisme oublie trop souvent qu'il y a de
certains faits devant lesquels la raison doit avouer son impuissance. La philosophie établit nettement la distinction de
l'âme et du corps, la supériorité de l'esprit sur la matière.
Mais où trouver le secret de la liaison mystérieuse de l'âme
avec le corps ? Il y a là un problème insoluble. La Fontaine
le connaît, il le pose dans les termes les plus clairs et les plus
précis. Mais, quand il s'agit de le résoudre, il recule ; le bon
sens l'avertit qu'il y a des choses qu'il faut savoir ignorer,
et il confesse son ignorance avec une humilité philosophique
qui nous rappelle Socrate :

> Je parle, je chemine,
> Je sens en moi certain agent.
> Tout obéit dans ma machine
> A ce principe intelligent.
> Il est distinct du corps, se conçoit nettement,
> Se conçoit mieux que le corps même ;
> De tous mes mouvements c'est l'arbitre suprême.

Mais comment le corps l'entend-il ?
C'est là le point. Je vois l'outil
Obéir à la main ; mais la main, qui la guide ?
Eh ! qui guide les cieux dans leur course rapide ?
Quelqu'ange est attaché, peut-être, à ces grands corps ;
Un esprit vit en nous et meut tous nos ressorts.
L'impression se fait : le moyen ? je l'ignore.
On ne l'apprend qu'au sein de la divinité ;
Et, s'il faut en parler avec sincérité,
Descartes l'ignorait encore.

Cependant, nous ne saurions nous défendre de chercher à nous faire une idée sur les questions même qu'il faut désespérer de résoudre scientifiquement. Si la faiblesse de la raison nous empêche d'arriver à une solution, nous pouvons du moins essayer de reconnaître la voie dans laquelle doit se trouver la vérité. Aussi La Fontaine ne s'est-il pas contenté de réfuter le système de Descartes, il nous a donné ses propres idées sur l'âme humaine et l'âme des bêtes, et nous verrons qu'avec les seules lumières du bon sens, élevé chez lui à sa plus grande puissance, il est parvenu à pénétrer ces mystères aussi profondément que Bossuet lui-même.

Il est impossible de voir dans les bêtes de pures machines : La Fontaine nous l'a démontré, ou plutôt nous l'a fait sentir. Il faut donc reconnaître chez elles un principe vital, un esprit, une âme capable de jouir et de souffrir. Mais de quelle nature sera cette âme? Il est impossible d'en faire un esprit pur, par conséquent une âme impérissable. Ce serait élever les animaux au même rang que l'homme ; or, la raison se refuse à faire de la bête l'égale de l'homme autant qu'à lui ôter la sensation et la vie. D'un autre côté, comment concevoir une âme matérielle? Les partisans de l'automatisme pouvaient, sans se compromettre, défier leurs adversaires de définir avec quelque précision ce qu'ils entendaient par une âme, qui ne serait ni complétement esprit, ni complétement matière. Mais ils tiraient de leur triomphe des conséquences beaucoup moins logiques qu'ils ne le pensaient. Si l'on voulait obliger les esprits à rejeter toute notion qui ne présenterait pas une clarté parfaite, à n'accepter une vérité que lorsque nous pouvons l'embrasser dans toute son étendue, sans embarras ni obscurité, le domaine de la connaissance se trouverait tout d'un coup singulièrement restreint. Sans doute, nous ne pouvons pas nous faire une idée précise de l'âme des bêtes. Mais que de forces dans la nature, que d'agents mystérieux dont l'existence est pour nous un fait évident, tandis que leur essence même reste enveloppée dans un secret impénétrable. De la difficulté ou plutôt de l'impossibilité où nous nous trouvons souvent de préciser certaines notions auxquelles le sens commun adhère avec une foi entière, il ne faut rien conclure que la faiblesse et l'impuissance de la raison humaine. L'explication cartésienne, claire, spécieuse, savamment appliquée à un ensemble de faits, mal observés il est vrai, et surtout mal interprétés, est moins scientifique et moins profonde que celle de La Fontaine. La Fontaine, en effet, ne prétend point avoir résolu le problème : il nous indique seulement par quel effort de l'imagination nous pouvons arriver presque à entrevoir la vérité dont Descartes nous avait tant éloignés. Rien de plus sensé que la dernière partie de la fable, dans laquelle il nous expose ses propres idées. Le rapprochement entre l'âme des bêtes, incapable de se connaître elle-même, et l'âme humaine dans l'enfance, alors qu'elle n'est encore « qu'une tendre et faible lumière, » est quelque chose de plus qu'une figure poétique : c'est une comparaison dont Socrate et Platon se servent souvent pour faire sentir ce que l'impuissance de la raison ne permet pas de démontrer. Quant à la nature même de ce principe inconscient chez la bête comme chez l'enfant, pour La Fontaine et pour Bossuet, il tient le milieu entre la matière et l'esprit. Du philosophe et du poète, c'est peut-être le dernier qui,

sur les ailes de la poésie, s'est élevé le plus près de cette vérité insaisissable par le raisonnement.

> J'attribûrais à l'animal
> Non point une raison selon notre manière,
> Mais beaucoup plus aussi qu'un aveugle ressort.
> Je subtiliserais un morceau de matière,
> Que l'on ne pourrait plus concevoir sans effort :
> Quintessence d'atome, extrait de la lumière,
> Je ne sais quoi plus vif et plus mobile encor
> Que le feu ; car enfin , si le bois fait la flamme,
> La flamme, en s'épurant, peut-elle pas de l'âme
> Nous donner quelqu'idée ? et sort-il pas de l'or
> Des entrailles du plomb ? Je voudrais mon ouvrage
> Capable de sentir, juger, rien davantage,
> Et juger imparfaitement,
> Sans qu'un singe, jamais, fît le moindre argument.

Il est impossible d'apporter dans une question aussi délicate plus de clarté, plus de précision. La Fontaine et Bossuet,
si différents en toute chose, se rencontrent ici par la seule
force du bon sens ; nous trouvons dans ces beaux vers la
substance même du cinquième chapitre du *Traité de la
connaissance de Dieu et de soi-même*, sur la différence
entre l'homme et la bête. La Fontaine qui avait senti, comme
Bossuet, la nécessité de relever les animaux abaissés outre
mesure par Descartes, n'a pas oublié non plus de marquer
leur place sur l'échelle des êtres bien au-dessous de l'homme.
Il reconnaît en nous une âme qui nous est commune avec
les animaux, sans doute quelque chose de semblable à ce
principe, auquel Platon attribuait les phénomènes de la vie
physique, et que les vitalistes admettent encore de nos jours.
Mais tout l'homme n'est pas là.

> A l'égard de nous autres hommes,
> Je ferais notre lot infiniment plus fort ;

> Nous aurions un double trésor :
> L'un, cette âme pareille en tous tant que nous sommes,
> Sages, fous, enfants, idiots,
> Hôtes de l'univers sous le nom d'animaux ;
> L'autre, encore une autre âme entre nous et les anges,
> Commune en un certain degré ;
> Et ce trésor, à part créé,
> Suivrait parmi les airs les célestes phalanges,
> Entrerait dans un point sans en être pressé,
> Ne finirait jamais, quoiqu'ayant commencé.

Ce n'est pas là le ton habituel des fables de La Fontaine ; tout en reconnaissant l'immortalité de l'âme, il est épicurien par les tendances de son esprit. Son livre est bien, comme il le dit lui-même, une ample comédie à cent actes divers : tous les ridicules, tous les vices de l'homme y sont critiqués ; mais la critique reste toujours bienveillante, sans haine et sans colère. Seules, l'hypocrisie et l'avarice ont le pouvoir d'émouvoir la bile du poète. Il n'éprouve pas pour la nature humaine ce mépris superbe ou cette pitié dédaigneuse de certaines écoles philosophiques : il prend les hommes tels qu'ils sont ; il ne se révolte pas contre les travers et les faiblesses de leur caractère : il les voit cependant et excelle à les peindre. Mais ses peintures, légèrement railleuses, ne ressemblent nullement aux sombres tableaux que d'austères moralistes nous ont souvent tracés. Il ne nous enseigne pas le mépris de la douleur et de la mort, il ne nous demande pas de sacrifier à une vertu idéale, qui n'est pas de ce monde, tout ce qu'il y a d'humain en nous. Mais il connaît les hommes, et cherche à tirer le meilleur parti possible des sentiments et même des passions que la Providence leur a donnés. Sans doute ce n'est pas là le guide que suivront les âmes qui ne sont pas effrayées par les austérités du Jansénisme et de Pascal : mais c'est un conseiller humain plein de bon sens et de sagesse pratique. La morale de ses fables vaut mieux que les exemples de sa vie, honorée pourtant par sa fidélité inaltérable à Fouquet, son premier protecteur. Nous ne partageons nullement l'opinion de ceux qui voient avec indignation La Fontaine mis entre les mains des enfants ; il faut que la raison ait déjà acquis une certaine maturité pour que nous songions à nous appliquer la morale des livres. Il y a là une opération dont l'esprit des enfants est incapable : ils ne voient dans La Fontaine que de petites scènes dont les acteurs leur sont connus pour la plupart et les touchent de plus près que les enchanteurs et les fées des contes. Les fables de La Fontaine ne pourraient d'ailleurs ni corrompre, ni corriger personne, pas plus que les comédies de Molière. Il ne songeait nullement à réformer son siècle, et son œuvre n'est pas, comme celle d'Ésope, une morale en action : il n'a fait et n'a voulu faire qu'une œuvre d'art. On pourrait pourtant trouver chez lui de sages et utiles conseils. Un esprit en commerce habituel avec La Fontaine et qui prendrait pour règle de conduite la morale de ses fables, aurait, avec plus d'élévation, toutes les vertus aimables d'Horace et des Épicuriens sans avoir leurs vices : « L'homme corrigé par Molière, dit Champfort, cessant d'être ridicule, pourrait demeurer vicieux ; corrigé par La Fontaine, il ne serait plus ni vicieux, ni ridicule : il serait raisonnable et bon, et nous nous trouverions vertueux, comme La Fontaine était philosophe, sans nous en douter. »

9 782013 273954